VIE

DE

M¹ˡᵉ MARIE-AMÉLIE

SAUVAGE,

Par l'Abbé SAUVAGE,

CHANOINE HONORAIRE DE RENNES.

*Qui sequitur justitiam
et misericordiam inveniet
vitam.* Prov., ch. 21, v. 23.

Fougères,

Impr. de Mᵐᵉˢ. VANNIER et COUASNON.

—

M DCCC XL.

Se vend au profit des Orphelines de Saint-
Malo, et du Bureau de travail des
Pauvres de Saint-Servan.

In 18563

VIE

DE MADEMOISELLE MARIE-AMÉLIE

SAUVAGE.

VIE

DE

Mlle. MARIE - AMÉLIE

SAUVAGE,

Décédée à Saint-Servan le 13 Août 1847,

Par l'Abbé SAUVAGE,

CHANOINE HONORAIRE DE RENNES.

Qui sequitur justitiam
et misericordiam inveniet
vitam. Prov., ch. 21, v. 23.

À

Fougères,

Imprimerie de Mmes. VANNIER et COUANON.

—

M DCCC XL.

AVERTISSEMENT.

Dès le commencement de l'année 1818, M. l'abbé Carron me fit demander des notes sur la vie de ma sœur. M. l'abbé De la Mennais, qui avait été chargé de cette commision, s'en acquitta avec zèle, et vint à bout de vaincre mes répugnances. Je promis d'y penser, et je fis en effet mes notes dans l'intention de les offrir au pieux auteur de tant de Vies édifiantes. Mais ensuite mes répugnances ayant repris le dessus, je serrai mes notes et je priai plus tard M. De la Mennais de vouloir bien exprimer toute ma reconnaissance au respectable abbé Carron, et de lui dire que je désirais que l'on n'écrivît pas la Vie d'Amélie. Ce fut alors que j'appris qu'une de ses amies avait envoyé un précis de sa vie, et que, d'après ces renseignements, M. Carron l'avait écrite, et qu'enfin elle venait de paraître avec celles de plusieurs personnes pieuses.

Je fus assez long-temps sans que cette Vie, qui m'était si chère, me tombât entre les mains. Enfin, je me la procurai, et je pris la résolution de rectifier quelques choses tout-à-fait inexactes. Mes occupations me firent éloigner et enfin perdre de vue ce que j'avais premièrement regardé comme un devoir. Enfin, j'ai mis la main à l'œuvre, et j'espère que l'on voudra bien excuser quelques faits dont le récit pourra peut-être paraître minutieux. C'est un frère qui écrit ; il aimait tendrement et il était tendrement aimé : alors, tout ce qui lui rappelle les vertus, les paroles, les actions de cette sœur chérie l'intéresse, et lui paraît intéressant même pour les autres. Que le lecteur donc, iv

en lisant ce petit volume, se mette à
ma place, et j'ose me persuader que
lui aussi prendra quelque intérêt à
cette lecture.

VIE

DE MADEMOISELLE MARIE-AMÉLIE

SAUVAGE.

Marie-Amélie Sauvage reçut le jour à Saint-Malo, au mois d'Octobre 1779. Elle était fille de M. Nicolas-Louis Sauvage et de Demoiselle Marie-Jeanne Petit de Cerdon. Ses parents étaient fort pieux, ce qui ne se remarquait pas beaucoup alors, parce que c'était très-commun ; et les Malouins étaient également connus et par leur piété et par

leur aversion pour toute espèce d'in
justice (1).

A peine Amélie put bégayer quelque
mots, que l'on s'efforça de diriger ver
Dieu ses premiers sentiments, les pre
mières affections de son tendre cœu
D'abord elle montra un naturel vif e
fougueux, que l'on chercha à corriger
mais malheureusement, n'ayant pas asse
étudié son caractère, sa mère la repr
mal, et au lieu de les détruire, elle n
fit qu'augmenter ses défauts naissants.

(1) L'on voyait alors les Malouins les plus distin
gués non-seulement faire leurs Pâques, mais e
core, chapeau bas et le chapelet en main, aller d'
glise en église pour faire les Stations. Il ne leur éta
pas rare de faire des marchés de plusieurs millior
sur simple parole, et si des événements imprévu
mettaient quelqu'un dans l'impossibilité de payer
alors on redoublait d'efforts et d'activité ; l'o
payait à mesure que l'on gagnait, et si la moi
arrivait avant que l'on eût soldé, on léguait l
dette à ses enfants, qui eux-mêmes regardaie
comme un devoir sacré de s'imposer toutes sort
de privations, de travailler toute leur vie, s'il
fallait, pour s'acquitter envers les créanciers.

Si elle eût connu son caractère et son cœur, elle se fût aperçue qu'elle était capable de faire des sacrifices, mais que tout d'abord il ne fallait pas lui en imposer au-dessus de ses forces. Or, il est au-dessus des forces d'un enfant de supporter des réprimandes. continuelles ; cependant elle était souvent reprise plusieurs fois dans la journée, pour de simples bagatelles. Amélie écoutait d'abord sa mère avec respect et reconnaissait sa faute, si déjà elle ne l'avait reconnue d'avance, ce qui était assez ordinaire. Mais la réprimande continuée trop long-temps, ou reprise de nouveau, finissait par irriter son caractère bouillant et la portait à répondre et à raisonner.

Madame de Cerdon s'étant aperçue que la manière dont on reprenait sa petite-fille était plus propre à lui aigrir le caractère qu'à le former, engagea ma mère à la mettre en pension dans la communauté de la Croix à Saint-Servan, où elle-même s'était retirée depuis quelque temps. Ma mère y consentit, et Amélie fut confiée aux soins de sa grand' mère, qui s'appliqua à réformer son caractère. Elle laissait passer tout ce qui n'était qu'enfantillage, mais reprenait sévèrement ce qui était vraiment faute. Ses réprimandes étaient toujours courtes, et une fois faites, elle semblait ne plus y penser. Cette nouvelle méthode était positivement ce qui convenait au caractère d'Amélie, et madame de Cerdon ainsi que les religieuses de la Croix obtinrent d'elle tout ce qu'il est possible d'obtenir d'un enfant de huit ans. Elle apprenait avec une étonnante facilité, aimait le travail et brillait dans tout ce qui lui était enseigné, sur-tout dans ce qui demandait de la mémoire et du raisonnement. Mais ce fut sur-tout à l'étude de la religion qu'elle s'appliqua avec un véritable goût, ne se bornant pas, comme la plupart des enfants, à retenir une lettre sèche qui ne présente à l'esprit que des mots qui

bientôt se trouvent effacés de la mémoire ; mais elle s'efforçait de com-
rendre ce qu'elle étudiait, et si elle ne
ouvait y parvenir, elle priait qu'on lui
xpliquât ce qui faisait le point de la dif-
culté. Par là, elle se mit dans le cas de
ien connaître sa religion, et de pouvoir
épondre sans hésiter aux petites diffi-
ultés que l'on peut faire aux enfants
our s'assurer qu'ils comprennent. Dès
on enfance elle montra de l'aversion
our la danse, la comédie et les romans.
n jour que ma mère était restée à la
roix près de mon aïeule, une domes-
ique s'avisa de conduire Amélie à la
omédie, sans lui dire où elle allait.
i-tôt qu'elle sut où elle était, elle prit
ous les moyens pour faire sortir la
onne, mais inutilement. Dès qu'elle
ut sortie, elle gronda fortement, mena-
ant d'en prévenir sa mère, ce qu'elle
urait fait. Mais la bonne sachant bien
u'elle aurait été mise de suite à la porte,
ria avec instance Amélie de ne pas le

dire. Elle se laissa prier long-temps, enfin elle céda ; mais ce ne fut qu'à la condition que non-seulement on ne l'y remènerait plus , mais que l'on n'y retournerait pas soi-même.

Des amies de ma mère lui ayant proposé de la mener voir des physiciens ; elle accepta ; mais ayant entendu dire quelques instants après que c'était dans la salle de la comédie , elle dit tout naïvement à ces dames qu'elle ne voulait pas y aller. On fut d'abord étonné de ce changement subit, et on lui en demanda la raison. C'est, répondit-elle, que je ne veux pas aller à la comédie, car c'est un mal. Tu as bien raison, mon enfant, reprit mon père ; mais parce que c'est dans la même salle, ce n'est pas une comédie, et pour te montrer que la chose n'est pas mauvaise, je propose à ces dames de les y accompagner avec toi. Ce ne fut qu'alors qu'elle consentit à y aller (1).

____

(1) Ces deux anecdotes de la vie d'Amélie montrent bien que si les parents, au lieu de vanter

Quoiqu'elle aimât passionément la lecture, elle ne voulait pas entendre parler de romans. Aussi, un jour que l'on s'entretenait devant elle de Robinson, elle demanda ce que c'était. C'est un roman, reprit une amie de ma mère, et si vous voulez, je vous le prêterai. *Je vous remercie, Madame*, reprit Amélie, *je ne lis point de romans ;* et elle persista dans ce refus jusqu'à ce que mon père l'eut assurée qu'elle pouvait le lire sans danger.

Amélie allait atteindre sa dixième

---

les romans, la comédie et les autres amusements dangereux, avaient soin de n'en parler devant leurs enfants que comme en doivent parler des chrétiens, l'on ne verrait pas tant de jeunes personnes se livrer à ces lectures corruptrices, qui dessèchent le cœur, exaltent l'imagination, nourrissent l'orgueil et souvent corrompent les mœurs. Il est facile à une jeune imagination de se regarder comme une héroïne ; cependant, malgré les nombreux et affligeants exemples que nous fournit ce siècle corrompu, beaucoup de parents sont d'une effrayante négligence sur un point si important.

année, et le vénérable ecclésiastique au-
quel elle s'adressait, pensait sérieusement à la préparer à la première Communion. Madame Sauvage, qui voyait
encore sa fille fort jeune, ne voulait pas
y consentir. La vivacité de son caractère
était sur-tout à ses yeux un empêche-
ment absolu ; car ma pauvre mère ne
s'apercevait pas que c'était la manière
dont elle reprenait Amélie qui entretenait en elle ce caractère emporté qu'elle
n'avait du reste qu'avec sa mère, parce
que les autres avaient trouvé le secret de
la conduire (1). Cependant M. l'abbé
Launay (c'était le nom du confesseur)
détermina madame Sauvage, et elle permit enfin à sa fille de se disposer à sa
première Communion.

____

(1) Dans les notes envoyées à M. Carron, l'on
semble dire que ma mère était trop faible pour
Amélie, ce qui est absolument faux. Elle n'était
ni faible ni négligente ; seulement elle n'avait pas
compris qu'il ne faut pas conduire un enfant dont
le caractère est vif et bouillant, comme celui qui
a un naturel doux et facile.

Amélie se disposa avec le plus grand soin à cette grande action , dont elle sentait vivement le prix, et prit à tâche de montrer à sa mère qu'elle n'aurait pas à se repentir de sa complaisance. Elle se fit en effet les plus grandes violences pour vaincre son caractère, et elle parvint à le corriger au moins en partie ; car elle ne devint entièrement maîtresse d'elle-même que quelques années plus tard, lorsque la piété eut tellement pris le dessus dans son cœur, qu'elle se laissa aller au désir de se consacrer à Dieu.

Quoiqu'il en soit, elle se livra de grands combats pour se disposer à sa première Communion, et s'appliqua à la pratique d'une sincère piété. Aussi, lorsqu'arriva le moment fixé pour cette grande action, Amélie était animée de la foi la plus vive, du désir le plus ardent de s'unir à son Dieu et d'être remplie de son amour. Indifférente sur la toilette qu'elle aurait pour ce beau jour, elle ne s'occupait que de parer son âme et de se porter au plus grand recueillement. Ma mère secondait le mieux qu'elle pouvait ces heureuses dispositions, et dans la crainte que sa fille ne fût distraite par le luxe de ses habits, elle la mit le plus simplement qu'il lui fut possible (1).

Amélie, pénétrée de reconnaissance et d'amour envers son Dieu, qui lui avait fait tant de grâces, travailla avec une nouvelle ardeur à entretenir la piété dans son cœur, et elle veilla tellement sur elle-même, que son confesseur la trouva capable de s'asseoir à la table sainte aux principales fêtes de l'année ; et elle le fit avec une piété angélique.

L'année suivante, elle reçut le sacrement de Confirmation, et elle devint plus

____

(1) Cet exemple devrait être suivi par les mères chrétiennes. Ce jour heureux de la première Communion, qui devrait être une leçon de modestie et de mépris des vanités du monde, devient, hélas ! par l'orgueil de la plupart des mères de nos jours, une leçon de mondanité et de coquetterie, je dirais presque d'indécence.

courageuse encore à combattre les tentations de l'ennemi du salut. Mais de son
côté le démon veillait et tendait ses piéges
avec adresse pour tâcher d'attirer dans
ses filets celle qu'il voyait se fortifier dans
le service et l'amour de Dieu. Il mit tout
en œuvre pour perdre Amélie, et il fut
sur le point de réussir.

La foudre révolutionnaire qui gron-
dait sur la France avait amené à Saint-
Malo une foule d'étrangers qui se rap-
prochaient de la côte, afin de pouvoir
plus promptement partir pour l'Angle-
terre, si la crise devenait trop dange-
reuse. Mes parents alors, tout occupés
de politique, et voyant beaucoup la plupart de ces étrangers, ne firent peut-
être pas assez d'attention qu'ayant la
même opinion sur les affaires du temps,
ils n'avaient pas tous la même piété et la
même intégrité de mœurs. Au lieu donc
de veiller sur Amélie avec encore plus de
soin, elle fut souvent confiée aux soins
d'une femme-de-chambre qui, à la vé-

rité, était pieuse, mais qui cependan
n'était pas assez vigilante. Il s'ensuivit
qu'elle entendit des propos qui firent
travailler son imagination vive et ardente (1).

Sur ces entrefaites, une partie du
clergé de Saint-Malo, et entr'autres le
confesseur d'Amélie, passèrent en An-
gleterre. Elle se trouva obligée de s'a-
dresser à un prêtre étranger caché à la
maison. C'était un digne ecclésiastique,
mais ayant des manières étranges et ne
sachant point du tout attirer la confiance
de ma sœur. Il voulait absolument la

(1) Ce furent, comme on le voit, les circonstances, et non la négligence de ma mère, qui
occasionèrent ce danger. Cet exemple est bien
propre à ouvrir les yeux à tant de parents qui se
disent encore chrétiens, et dont cependant le
moindre soin est de veiller sur leurs enfants et
sur les compagnies qu'ils fréquentent. Ils exigent
seulement que ces compagnies soient à peu près
de leur rang ; mais quant à leur moralité, ils s'en
mettent fort peu en peine. De là cette corruption
que l'on trouve dans une énorme quantité d'enfants.

faire approcher de la sainte table ; et comme elle s'y refusait, il s'imaginait que c'était scrupule et redoublait d'efforts pour l'y déterminer. Ma mère, de son côté, tâchait de la porter à la confiance, et la pressait aussi de se préparer à communier. Il fallut donc s'y résoudre, et cependant Amélie n'était pas tranquille. Elle n'avait pas caché ses péchés, mais elle ne s'était pas expliquée comme elle l'aurait voulu ; en sorte que sa conscience était tourmentée. Heureusement elle trouva le moyen de parler à un autre prêtre caché dans une maison où elle allait souvent ; malgré cela, les confessions qu'elle fit alors devinrent plus tard pour elle un sujet d'inquiétude qui la fit tomber dans le scrupule.

La tourmente révolutionnaire allant toujours croissant, mes parents quittèrent Saint-Malo, qui se trouvait sous le joug de démagogues étrangers qui cherchaient à y établir la terreur. Ils vinrent demeurer à Saint-Servan, où ils restèrent tranquilles quelque temps. Mais à l'arrivée du Représentant du peuple Carpentier, ils furent arrêtés et conduits à la tour Solidor, d'où ma mère fut extraite au bout de quinze jours, et transférée à la communauté des Capucins, transformée en maison d'arrêt.

Amélie avait à peine quatorze ans, et cependant elle se trouvait à la tête de la maison, obligée d'avoir soin d'une sœur âgée de neuf ans, et de moi qui n'en avais que six. Il fallait qu'elle reçût les visites domiciliaires que l'on faisait à chaque instant, qu'elle prît soin de ses parents prisonniers, qu'elle allât les voir, leur procurer ce dont ils avaient besoin, et les consoler ; ce qui était d'autant plus difficile que les nouvelles alarmantes que l'on entendait chaque jour n'étaient pas de nature à rassurer. Toutefois elle essayait de faire bonne contenance devant eux, lorsqu'elle pouvait obtenir d'entrer dans les prisons pour les voir, ce qui ne s'accordait pas aussi facilement qu'on l'eût désiré (1). Elle leur cachait avec soin les nouvelles fâcheuses, et si elle entrevoyait quelque lueur d'espérance, elle s'empressait de leur en faire part. Cette position cruelle dura près de dix mois, et si elle fit souffrir horriblement les prisonniers, Amélie n'en souffrait pas moins.

Pendant tout ce temps d'affreuse mémoire, Amélie prit de ma sœur et de moi un soin tout maternel, se conduisit pour les affaires de la maison, et pour tout ce qui regardait ses chers prisonniers, avec une sagesse et une force d'esprit, avec un courage et un dévouement bien au-dessus de son âge.

____

(1) Chaque fois que l'on voulait entrer dans l'une des prisons, il fallait se présenter devant les officiers de la Commune, dont quelques-uns étaient plutôt des tigres que des hommes ; et ce n'était qu'avec une permission par écrit, délivrée par eux, que l'on pouvait être admis à voir quelqu'un des prisonniers ; souvent même l'on était accompagné d'un gardien qui écoutait attentivement tout ce que l'on se disait.

Le farouche tyran qui tenait la Franc
dans la terreur, et faisait planer la mo
sur son sol couvert d'échafauds, Robe
pierre, après avoir fait couler tant
sang, fut lui-même mené à la guillotin
et sa tête hideusement criminelle tomb
sous le couteau las de s'être si souve
abattu sur la vertu et l'innocence.

La France alors respira un peu, quo
que péniblement, et comme sortant
ces somnolences laborieuses des fièvr
chaudes. Les prisons s'ouvrirent peu
peu pour donner aux malheureux dét
nus quelque chose qui rappelât
moins l'idée de liberté. L'on eut
moins le droit d'être prisonnier dans
propre maison, moyennant toutefo
des formalités qu'il était assez diffici
de remplir. Ainsi, il fallait des certif
cats de médecins, et l'on ne pouvait
obtenir que de ceux désignés pour cel
De plus, ils devaient être revêtus d
visa et de l'approbation de l'autorit
militaire sous laquelle la France éta

placée. Or, Amélie seule pouvait faire ces démarches, remplir ces formalités, et elle n'avait que quinze ans. Cependant le désir de soulager ses parents ranima son courage et lui donna la hardiesse nécessaire pour les remplir, et elle parvint enfin à obtenir leur élargissement.

Ils sortirent donc de dessous les verroux révolutionnaires, et furent constitués prisonniers chez eux, ayant deux gardes à vue qui ne les quittaient guères, qui mangeaient à notre table, et qu'il fallait en outre payer cinq francs par jour. Le gardien de mon père était un fort-honnête homme, et le laissait jouir de toute liberté, excepté toutefois de celle de sortir ; mais celui de ma mère était plus dans l'esprit de la révolution, et exerçait une surveillance très-active. Dès le point du jour, il promenait dans les jardins, sous divers prétextes ; mais la vraie raison était de s'assurer si mes parents n'avaient point quelque communication avec le dehors. Amélie cependant n'avait pu depuis long-temps se procurer un prêtre, et elle désirait se confesser et faire son Pâques. Enfin, elle découvrit un prêtre qui déjà était venu à la maison, mais qui alors était caché dans la campagne, à une lieue de Saint-Servan. La difficulté était de sortir et de rentrer sans que le garde de ma mère en eût connaissance. Elle partit dès le soir, quand elle le sut couché, accompagnée d'un domestique, se confessa, assista à la sainte messe dans la nuit, et eut le bonheur d'y communier. Elle repartit de très-grand matin, afin d'arriver avant qne notre curieux gardien fût levé ; mais elle fut trompée dans son attente, et ce qu'elle vit tout d'abord en entrant dans le jardin, ce fut cet homme qu'il n'était plus possible d'éviter. Il voulut savoir où elle était allée, il revint plusieurs fois à la charge dans le cours de la journée ; mais Amélie, qui au premier moment avait été un peu déconcertée de la rencontre, se remit prompte-

ment , ne répondit que par des plaisan-
teries , et par son adresse le força d'a-
bandonner la partie.

Les temps s'adoucirent un peu, et mes
parents furent enfin rendus à la liberté ,
sauf la surveillance de la police ; mais ,
au moins, il leur était permis de sortir
et d'aller où ils voulaient. C'était un
grand soulagement à leurs maux ; et
comme en même temps qu'on ôtait les
gardes on levait aussi les scellés , nous
pûmes jouir de tous nos appartements ,
ce qui nous donnait, comme par le passé,
le moyen de recevoir un prêtre catho-
lique. Mes parents le désiraient avec
ardeur, leur longue captivité les ayant
empêchés de se confesser depuis fort
long-temps.

Un jour qu'un de ces messieurs était
à confesser dans un des appartements ,
arrive tout-à-coup une colonne accompagnée d'un officier municipal. Amélie ,
qui était toujours aux aguets, fit aussitôt
évader l'ecclésiastique. Mais mon père

qui n'en savait rien, et qui s'était pré-
senté pour recevoir cette colonne ci-
toyenne, était dans la plus vive inquiétude : inquiétude qui redoubla lorsqu'à
l'entrée de l'appartement où avait été le
prêtre, il mit une main tremblante sur
la clanche qu'il s'imagina lui résister. Le
Municipal vit son embarras, et avec un
sourire satanique il s'écria : Oh! nous
tenons un calotin! Ce propos glaça mon
père, qui se serait trouvé mal, si Amélie
ne fût survenue à l'instant même. Elle
ouvre la porte avec vivacité, en disant :
Regardez, citoyens ; voyez si vous trou-
vez des calotins. Cet air d'assurance le
déconcerta un peu ; mais il fut toutefois
désappointé quand, malgré la scrupuleuse ou plutôt la scandaleuse (1) attention que ses hommes mirent à fouiller,
il se vit frustré dans son attente.

Le temps devenu peu à peu plu

____

(1) Il fit fouiller jusque dans le linge sale pour
y trouver le calotin.

calme, les prêtres eux-mêmes purent respirer. Les portes des prisons s'ouvrirent aussi pour eux, et ils obtinrent une demi-liberté ; du moins ils n'étaient pas poursuivis avec acharnement, et pouvaient se livrer dans les maisons particulières à l'exercice du saint ministère. Il est vrai que si on les demandait pour quelque malade, il leur fallait se déguiser ou attendre la nuit ; mais ils n'étaient plus continuellement sur le qui vive, et dans les maisons où ils se retiraient, l'on pouvait, sans trop de crainte, recevoir quelques personnes prudentes, et pour assister à la célébration des saints mystères, et pour se confesser. Ce fut alors que vint se fixer à la maison un prêtre sorti du Mont-Saint-Michel. Ce fut de cette époque qu'Amélie comptait ce qu'elle appelait sa conversion. Ce fut en effet de ce moment qu'elle se fit plus de violence pour corriger entièrement la vivacité de son caractère, et qu'elle fit plus de progrès dans la vertu.

Depuis long-temps elle soupirai
après le moment où elle aurait pû faire
une confession générale ; car elle n'é-
tait pas tranquille sur les confessions
faites dans le commencement de la révolution à ce prêtre en qui elle n'avait pas
une assez grande confiance, et aussi su
celles qu'elle avait faites pendant la révolution. Elle n'avait pu, en effet, se
confesser que de loin en loin ; et quoiqu'il y eût cinq ou six mois que l'or
eût pu décharger sa conscience, il fallai
cependant finir dès la première fois
communier de suite et sortir aussitôt,
se réservant de faire son action de grâces
en retournant à la maison. Tout cela
agitait la conscience d'Amélie, et elle
saisit avec empressement l'occasion de
réparer les défauts qui auraient pu se
glisser dans ses confessions précipitées
en en faisant une générale. Elle s'y disposa donc avec un grand soin, et re-
passa, dans l'amertume de son âme, les
fautes de sa vie ; elle se sentit pressée

d'un vif désir de servir Dieu avec plus de fidélité, et de travailler avec encore plus de force à se corriger de tout ce qui pourrait lui déplaire en elle. Ce fut surtout alors qu'elle se fit les plus grandes violences pour réformer entièrement son caractère, et pour devenir, à l'exemple du Sauveur, douce et humble de cœur. Elle allait souvent mettre ses résolutions aux pieds de Jésus-Christ ; car nous avions le bonheur de conserver le Saint-Sacrement à la maison, et c'était elle qui avait soin de décorer l'autel, ce qui lui donnait plus souvent l'occasion d'adorer et de prier le Sauveur de répandre sur elle les grâces qui lui étaient nécessaires.

Elle s'adonna au saint exercice de l'oraison mentale, où elle puisa de grandes consolations et un grand courage. Elle commença dès lors à apprendre le Catéchisme à quelques jeunes filles qui n'avaient pu pendant les mauvais jours faire leur première Communion, et qui faute d'instruction, se trouvaient encore éloignées de la table sainte. Elle le fit avec succès, parce qu'elle s'appliqua principalement à leur faire comprendre ce qu'elle leur apprenait, en le leur expliquant de la manière la plus simple et la plus claire. Dès lors aussi elle eut le bonheur de recevoir souvent la sainte communion, de le faire avec la plus tendre piété, et d'y trouver de grandes douceurs.

Mais Dieu, qui voulait éprouver cette vertu naissante et la fortifier, permit qu'Amélie fût assaillie par de furieuses tentations. Tantôt elle s'imaginait qu'elle ne croyait pas, tantôt qu'elle ne pouvait espérer. Une autre fois elle était tentée contre la sainte vertu de modestie, et la prière lui devenait un fardeau par les difficultés qu'elle y rencontrait. Peu accoutumée à ce genre de combat, elle s'imaginait toujours être vaincue, quoiqu'elle remportât de continuelles victoires. Aussi, le trouble s'empara de son âme.

âme ; et sembla déchirer ce cœur qui aimait si tendrement. Le plus affreux scrupule vint remplacer cette délicatesse de conscience , qui d'abord n'avait rien d'exagéré. Une parole , un geste , un coup d'œil suffisaient pour la tourmenter ; une pensée qui passait rapidement dans son esprit était assez pour qu'elle se crût grièvement coupable , et pour qu'elle s'imaginât qu'elle n'avait aucun amour pour Dieu.

L'ecclésiastique que nous avions à la maison, lui connaissant un esprit droit et un bon jugement, pensa qu'il la ramènerait par le raisonnement : et, en effet, il lui faisait bien convenir pour le moment que ses troubles n'étaient pas raisonnables ; mais à peine l'avait-il quittée, que son imagination ardente s'enflammait, que tous ses troubles revenaient bouleverser son âme avec une nouvelle force, et la jettaient dans la désolation.

Ma mère , alarmée de l'état dans le-

quel les scrupules jetaient sa fille, voulut tâcher d'y apporter remède, et ne fit
qu'aigrir le mal. D'abord elle lui défen-
dit de parler à son confesseur sans en
avoir obtenu la permission ; ensuite,
elle lui interdit la société de quelques
personnes pieuses avec lesquelles elle
avait coutume de se trouver de temps en
temps ; enfin, elle recommença, comme
par le passé, à vouloir lui prouver par
de longs sermons qu'elle avait tort.
Amélie se soumit ; mais cela ne fit
qu'augmenter ses troubles (1). Car si,

---

(1) Une mère peut beaucoup auprès de ses enfants pour les guérir du scrupule ; mais c'est en
secondant les vues et les conseils d'un directeur
éclairé, et non pas en agissant comme ayant autorité. Les scrupules sont du domaine de la conscience, et regardent directement le confesseur.
Quelque confiance que l'on ait en sa mère, l'on
n'est pas tenu à lui dévoiler les secrets de sa conscience. Elle doit donc se borner, si elle obtient
de connaître les avis donnés par le directeur, à
faire tout ce qui est en elle pour que l'on s'y
soumette ; mais prescrire elle-même des remèdes,

ne se trouvant pas à même de demander ces permissions, elle venait à dire
un mot de sa conscience à son confesseur, ou si, rencontrant ses amies, elle
s'arrêtait seulement à leur souhaiter le
bonjour, dès lors elle croyait avoir déso-
béi, ce qui la jetait dans un état de peine
et de crainte difficile à décrire. Il fallait
alors se déterminer à solliciter la permission de parler à son confesseur, ce
qu'elle n'obtenait qu'après bien des ex-
plications, des remontrances, pendant
lesquelles Amélie se sentait quelquefois
des mouvements de vivacité. Elle les
repoussait promptement, et de manière à n'y point commettre la plus lé-

____

c'est outre-passer son autorité. Je ne fais pas cette
remarque pour blâmer ma mère ; elle étoit trop
pieuse pour avoir voulu chercher autre chose que
le salut de sa fille : toutefois elle allait trop loin ;
et si ses défenses eussent duré plus long-temps,
elles eussent été très-préjudiciables pour Amélie.
Il faut que quiconque obéit, voie l'autorité de
Dieu. Ce principe, vrai pour tout le monde, l'est
encore bien plus pour une scrupuleuse.

gère faute ; mais c'en était assez pour la jeter dans de nouveaux troubles , et pour la porter à se croire grandement coupable.

Quel tourment pour une âme qui veut sincèrement aimer Dieu , et qui craint de lui déplaire dans la moindre chose, que d'être continuellement poursuivie par la pensée qu'elle ne l'aime pas, qu'elle ne peut pas même l'aimer ! Elle veut croire, cette âme ; elle croit en effet, et sans hésiter, toutes les vérités de la religion ; elle donnerait sa vie pour les soutenir , et cependant elle se persuade qu'elle n'a pas la foi, et que par-là même elle ne peut plaire à son Dieu. Une pensée de désespoir l'effraie ; elle la rejette avec horreur, et cependant elle s'imagine n'avoir aucune confiance : que cet état est pénible ! Le ciel semble d'airain, et Dieu paraît irrité. Si encore, dans cet affreux état, Amélie eût trouvé quelque douceur dans la prière ! Mais comme le Sauveur dans le jardin des

Oliviers, elle aurait dit volontiers : Mon Dieu, mon Dieu, pourquoi m'avez-vous abandonnée ? Ce saint exercice de la prière était tout ce qu'il y avait de plus pénible. Elle pensait ne s'être jamais assez préparée, et ne pouvait se persuader qu'elle y apportait les dispositions nécessaires. Aussi elle s'arrêtait souvent dans la prière à examiner si elle s'était laissé aller volontairement aux distractions qui lui survenaient ; et le résultat de ces dangereux et pénibles examens était toujours de recommencer ses prières. Enfin, accablée de fatigue, elle était obligée de les laisser ; mais aussitôt d'autres troubles se présentaient : c'était par sa faute qu'elle ne les avait pas achevées ; elle avait commis un péché mortel, et Dieu était irrité. Tel fut pendant plusieurs mois l'état d'Amélie, état de souffrances, d'angoisses, de peines cruelles qui altérèrent sa santé d'une manière fort grave.

Ce fut alors qu'il se présenta un parti

assez avantageux sous certains rapports. Ma mère en parla à Amélie, qui, au premier instant, dans l'état affreux où elle se trouvait, croyant voir en cela un moyen d'être plus libre, et de pouvoir sortir de ses troubles qui devenaient un vrai martyre, n'aurait pas été éloignée d'y donner son consentement. Mais Dieu, qui voulait cette âme tout entière et sans partage, fit manquer cette alliance. Mon père ne fit que lui dire qu'elle ne lui convenait pas, et c'en fut assez pour qu'elle n'y pensât plus ; et dans la suite, quelqu'instance qu'on lui fît, et quelque convenables que fussent les partis qui se présentèrent, elle ne voulut plus entendre parler de mariage.

Cependant ses scrupules la tourmentaient toujours, et, joints aux violences qu'elle se faisait journellement, soit pour obéir à sa mère et écouter ses remontrances, soit pour cacher, autant que possible, ce qu'elle souffrait intérieurement, ils finirent par altérer sa santé

d'une manière grave. On craignit long-
temps qu'elle tombât dans une maladie
de poitrine, ce qui serait infailliblement
arrivé, si la paix ne fût revenue dans son
âme. Mais le Seigneur lui rendit le
calme de la conscience et sa santé se ré-
tablit peu â peu, sans cependant avoir
jamais été bien forte depuis cette époque.

Son confesseur étant tombé malade,
il fallut qu'elle s'adressât à un autre :
elle en sollicita la permission. Ce nouveau confesseur demeurait chez une de
ses amies, chez laquelle ma mère crai-
gnait qu'Amélie n'allât trop souvent.
Cependant elle obtint cette permission.
Cet ecclésiastique, rempli de douceur et
tout à la fois de fermeté, s'appliqua à
connaître la cause des scrupules de ma
sœur ; puis, exigeant d'elle une obéissance absolue sur tout ce qui regardait sa
conscience, il la fit approcher souvent de
la sainte table, malgré ses craintes, qu'elle
avait défense absolue d'écouter; la même
défense lui fut faite de recommencer

ses prières ; en un mot, il lui enjoignit tout ce que l'on peut prescrire en pareil cas.

Dès l'abord cette conduite parut bien dure; Amélie la jugea même impossible ; mais le confesseur fut inflexible. Il tâcha d'ailleurs de lui procurer des moyens de distractions qui fussent en harmonie avec le goût prononcé qu'elle avait pour l'instruction des ignorants et le soin des malades. Amélie se soumit, et bientôt elle recouvra la paix de l'âme et put de nouveau se livrer à cette douceur de dévotion qu'elle avait déjà goûtée pendant quelque temps.

Dieu lui réservait des épreuves d'un autre genre, et qui aussi devaient affliger son cœur. Les peines, les transes que la révolution avaient causées à ma mère, une captivité de près de neuf mois, pendant lesquels elle avait été séparée de mon père et de ses enfants, avaient notablement altéré sa santé; elle faiblissait chaque jour, et la médecine ne faisait qu'aigrir

un mal devenu incurable. La maladie
fut longue ; Amélie y donnait tous ses
soins avec toute l'affection qu'elle portait à sa mère, et elle était d'autant plus
grande que sa vertu l'augmentait. Cependant ses soins assidus et affectueux
n'étaient pas toujours bien reçus, et ma
pauvre mère avait cela de commun avec
presque toutes les personnes attaquées
de maladies de langueur, de recevoir un
jour avec joie les services d'une personne que le lendemain souvent on ne
revoit qu'avec ennui. Mais Amélie, qui
ne connaissait pas encore le caractère de
ces sortes de maladies, prenait cela
pour de l'indifférence, et malgré sa ré-
signation à la sainte volonté de Dieu,
elle ne pouvait s'empêcher de se livrer
par fois au chagrin ; et cette peine lui
devenait d'autant plus amère, qu'il lui
fallait la dissimuler dans la crainte
d'augmenter celle de mon père. Toutefois cela ne ralentit pas un instant les
soins empressés qu'elle rendait à sa

mère, et ne l'empêcha pas d'y mettre tout le zèle dont elle était capable.

Cependant ma mère faiblissant de plus en plus ; il semble que Dieu, qui voulait qu'Amélie s'habituât à porter courageusement la croix, permit que les circonstances de cette mort, qui déjà devait porter un coup si terrible à son cœur, eussent encore quelque chose de plus dur et de plus amer. En effet, pendant les trois ou quatre dernières semaines de sa vie, elle voulut qu'Amélie fût constamment près d'elle, et qu'elle lui donnât tous les soins dont elle avait besoin, saisissant toutes les occasions de lui témoigner son affection.

Toujours auprès de sa mère, Amélie ne pouvait s'empêcher de voir en elle des symptômes alarmants, et se figurait sans cesse que la mort ne pouvait être éloignée et que bientôt elle allait lui ravir l'objet de sa tendresse. Elle eût trouvé quelque soulagement dans ses larmes ; mais, toujours avec la malade, elle était

obligée de se contraindre ; et ne trouvait quelque consolation que dans les
courts instants qu'elle pouvait passer
devant le Saint-Sacremeut, pour y
épancher son âme dans le sein de celui
qui sait compatir à toutes les peines.

Enfin, le moment fatal arriva ; et
quoiqu'Amélie le prévît depuis long-
temps, il n'en fut pas moins cruel. Ma
sœur se trouvait ainsi séparée de sa mère
à dix-huit ans, chargée par conséquent
des soins domestiques de son aïeul âgé
de plus de quatre-vingts ans, et infirme ;
de son père, que la mort de ma mère
avait jeté dans un état de tristesse difficile à décrire ; enfin, il fallait qu'elle
prît soin d'un frère que la captivité rendait malade, et de plus d'un autre frère et
d'une sœur encore fort jeunes.

Amélie adora les décrets de la divine
Providence, et se soumit avec résigna-
tion à la tâche qui lui était imposée. Elle
chercha le courage et les forces dont elle
avait besoin dans la prière et dans la

fréquentation des sacrements de Pénitence et d'Eucharistie dont elle s'approchait souvent, et toujours avec une nouvelle ferveur.

Les transes de la révolution, les peines qu'elle avait éprouvées dans les scrupules dont elle avait été atteinte, les déchirements de son cœur pendant la longue maladie de sa mère, et sur-tout lorsqu'il plut à Dieu de l'appeler à lui, tout cela avait considérablement altéré la santé de ma sœur. Une toux continuelle et opiniâtre la faisait souffrir, et elle était accompagnée d'une grande faiblesse qui ne cédait ni aux ménagements ni aux remèdes.

Malgré cela, elle pensait sérieusement à se retirer du monde et à se consacrer à Dieu en entrant dans une communauté, et son goût prononcé pour le soin des pauvres et le soulagement des malades la faisait pencher pour la Société des Dames-Saint-Thomas, qui commençaient à reparaître. Mais on lui fit observer

ver que l'état actuel de sa santé s'y op-
posait pour le moment ; qu'elle ne pouvait laisser son père dans l'état de peine
où il se trouvait ; que sa sœur et sur-
tout son jeune frère, qui n'avait pas encore eu le bonheur de faire sa première
Communion, avaient un besoin particulier de ses soins ; qu'ainsi tout an-
nonçait, au moins pour le moment, que
Dieu ne l'appelait pas en communauté.
Elle se soumit ; mais elle n'en fit pas
moins à Dieu le sacrifice entier d'elle-
même, en se consacrant à lui par les trois
vœux de religion.

Pour cela elle s'abandonna à la conduite d'une religieuse qui avait été sa
maîtresse pendant qu'elle était pension-
naire à la communauté de la Croix.
Cette religieuse lui servit de maîtresse de
novice, la forma à la vie et aux vertus religieuses, et après un certain temps
d'épreuves, elle s'engagea par vœux ;
mais alors elle passa sous la conduite
d'une personne pieuse qui lui servit de

supérieure, et la dirigea dans la pratique des vertus qui lui devenaient nécessaires dans le nouveau genre de vie qu'elle avait embrassé.

Ce fut principalement alors qu'elle suivit l'attrait qu'elle avait pour instruire les ignorants, soigner les malades et soulager les pauvres. Nous allons entrer dans quelques détails sur ces trois genres de bonnes œuvres, qui furent sa constante occupation jusqu'à la fin de sa vie.

L'occasion vint bientôt favoriser l'attrait d'Amélie pour les bonnes œuvres, car les Dames de la congrégation de la Charité pensèrent à se l'adjoindre et à la charger du soin des pauvres de son quartier. Elle aimait trop les membres souffrants de J. C. pour ne pas accepter cette offre, quelle regardait comme une bonne fortune pour elle. Afin de proportionner les secours qu'elle pouvait accorder, elle s'appliqua aussi-tôt à bien connaître les besoins de chacun. Si elle se fût bornée à distribuer aux malheureux les modiques secours de la congrégation, ils n'auraient guères été soulagés, et son cœur eût bien souffert à la vue de tant de misères auxquelles elle n'aurait pu remédier. Mais mon père, qui était très-aumônieux, mettait entre ses mains toutes les aumônes qu'il pouvait faire. Malheureusement la révolution avait bien réduit sa fortune ; de sorte que ce qu'il pouvait en distraire était fort peu de chose, vu les besoins du grand nombre de pauvres dont Amélie était chargée. Mais sa charité ingénieuse savait mettre tout à profit. Elle faisait son possible pour procurer de l'ouvrage à ceux qui en manquaient. Elle occupait les enfants à détisser de vieilles étoffes ; elle faisait ensuite filer ces laines et soieries par ceux des parents qui se trouvaient sans ouvrage ; puis elle faisait tisser des étoffes dont elle faisait des habits qu'elle distribuait ensuite aux plus nécessiteux, les mettant ainsi à même de pouvoir s'a-

briter un peu pendant la saison rigou-
reuse. D'ailleurs, elle avait renoncé en
faveur des pauvres à toute espèce de
recherche dans sa toilette, ou plutôt elle
ne se donnait que les vêtements les plus
nécessaires, les plus simples, souvent
les plus grossiers, et trouvait ainsi le
moyen de mettre de côté une partie des
modiques sommes que mon père lui
donnait pour s'habiller ; en sorte que
l'on peut dire avec vérité que dans quelque communauté qu'elle fût entrée,
comme elle en avait eu le désir, elle n'eût
pas porté plus loin l'esprit de pauvreté.
C'est ainsi qu'elle trouvait des ressources
pour ses pauvres, et que, malgré la mo-
dicité des revenus que mon père avait
sauvés du naufrage pendant la révolution, elle s'arrangeait de manière à faire
cependant d'abondantes aumônes.

Mais Amélie ne se contentait pas de
faire l'aumône, de vêtir les malheureux,
de leur procurer les moyens de soutenir
leur existence, en leur donnant les ali-

ments dont ils avaient besoin et les vêtements nécessaires ; elle les servait encore dans leurs maladies, tournait elle-
même la paille de leurs grabats, pansait
de ses propres mains leurs plaies les
plus dégoûtantes, leur préparait et leur
portait le remède qui devait les guérir ou
au moins les soulager. La répugnance
qu'inspirent certaines maladies était entièrement étouffée ; tous les malades
pauvres avaient droit à ses soins empressés, quels que fussent d'ailleurs les
dangers que ces maladies (1) présen-
tassent ; quelle que fût leur contagion,
non-seulement elle les soignait avec zèle,
mais encore avec une affection qui ne
pouvait prendre sa source que dans une
foi vive et une charité pure qui lui montraient J. C. pauvre et souffrant dans

____

(1) Elle allait jusqu'à panser les teigneux, les
scrofuleux, en un mot, tout ce qu'il y a de plus
répugnant ; et elle le faisait de manière à ne pas
même laisser soupçonner qu'elle y éprouvât la
moindre répugnance.

les malades qu'elle soignait : aussi avait-elle souvent à l'esprit et à la bouche ces paroles du Sauveur : *En vérité, je vous le dis, toutes les fois que vous avez fait ces œuvres de miséricorde à l'un de ces petits qui sont mes frères, c'est à moi que vous l'avez fait.*

Il arriva qu'une petite fille de la campagne tomba malade du charbon. Il fallait des remèdes prompts, des soins assidus et qu'Amélie ne pouvait rendre à cause de l'éloignement de la malade. Elle la fit apporter aussi-tôt dans une maison voisine de celle de mon père, et là la soigna, la pansa avec une affection qui ne pouvait être que la charité, et la charité la plus vive ; car l'odeur qui s'exhalait de cette plaie, qui lui rongea une partie de la figure et de la gorge dans le court espace de quatre jours, cette odeur, dis-je, était si fétide que, lorsque j'allai l'administrer, quoiqu'on eût pris la précaution de la panser quelque-temps auparavant, de laisser portes et fenêtres ouvertes, et de faire bouillir dans l'appartement de fort vinaigre, cependant je fus tellement suffoqué, que plusieurs fois je fus sur le point de me trouver mal. Malgér tout cela, Amélie passait plus de la moitié du temps avec cette pauvre petite malheureuse, et la pansait trois fois le jour.

Il y avait alors peu de temps que j'étais prêtre; je fus aussi-tôt nommé vicaire à Saint-Servan, et spécialement chargé d'un quartier distant de l'église paroissiale d'une forte lieue. Ce quartier comptait alors près de six cents habi- tans, et les trois quarts étaient pauvres. L'on peut s'y rendre par deux routes, et sur chacune d'elles se trouvent plusieurs villages, dont quelques-uns assez popu- leux, et sur-tout trop pauvres. Obligé de passer souvent par ces villages pour me rendre à ma chapelle de Châteu- Malo, je ne fus pas long-temps à connaître touté la misère qui y régnait, et qui y était d'autant plus grande, que cette année et la suivante la disette se fit cruellement sentir. Le pain étant extrêmement cher, ces malheureux souffraient horriblement, et n'avaient pour soulager un peu la faim qui les dévorait, qu'une nourriture malsaine, encore était-ce en petite quantité. D'ailleurs, leur éloignement de la ville rendait difficile la distribution des secours que les Dames de la Charité donnaient aux pauvres. Dans l'impossibilité où j'étais de soulager convenablement ces bonnes gens, j'en parlai à M. le Curé de Saint-Servan, qui, sans me faire part de son projet, fit prier ma sœur de passer chez lui; il était infirme et ne pouvait aller lui-même la trouver : c'était pour lui proposer de se charger du soin de cette partie de la campagne. Amélie, qui n'écoutait que son désir de soulager les pauvres, et qui d'ailleurs sentit bien qu'elle pouvait m'être utile pour l'instruction des ignorants, qui étaient en grand nombre dans cette portion de la paroisse, accepta la proposition du bon Curé, et se chargea de toute la partie rurale qui se trouve sur la gauche de la route de Rennes, en outre du quartier de la ville dont elle prenait soin depuis long-temps.

Connaissant le zèle d'Amélie et son ardente charité, je prévis les soins qu'elle allait prendre et les fatigues qui en seraient la suite. Sa faible santé, presque toujours mauvaise, ne me laissa pas sans inquiétude sur les suites de ces courses pénibles qu'elle allait s'im-poser. Aussi je ne fus pas très-content que M. le Curé de Saint-Servan ne m'eût pas parlé de son projet avant d'en faire la proposition à ma sœur. J'allai même jusqu'à tâcher de la détourner de se charger de cette mission de charité, que je regardais avec raison au dessus de ses forces. Mais il y avait trop de bien à faire, trop de malheureux à sou-lager, trop d'ignorants à instruire, pour qu'elle écoutât mes représentations. Elle commença donc de suite ses visites laborieuses de la campagne, et elle ne les abandonna que lorsqu'il lui fut absolument impossible de les continuer.

Les grandes privations que les deux années de disette avaient imposées à la majeure partie des habitants de la campagne de Saint - Servan, avaient gâté leur sang et les avaient disposés à recevoir plus facilement les malignes influences de l'air. Il en résulta une épidémie de fièvres putrides et malignes, qui souvent devenaient pernicieuses. Amélie se fatiguait extraordinairement pour soigner ces malades et leur procurer les soulagements qui dépendaient d'elle. Le traitement suivi par le médecin qui était le plus appelé dans ce quartier ne lui parut pas satisfaisant, et cependant elle ne voulait rien y changer de son propre chef, quoiqu'elle fût très-accoutumée à traiter ces sortes de maladies. Elle prit alors le parti d'y envoyer le médecin de la maison ; et ayant appris qu'à Saint-Malo il y en avait un chargé de se transporter là où il y avait des épidémies ; elle le pria de se rendre sur les lieux, ce qu'il fit. Ces deux messieurs ayant vu les malades, et s'étant assurés du genre de fièvre, prescrivirent un traitement qui s'accordait en tout avec celui qu'Amélie avait suivi pour les malades qu'elle avait traités seule. Elle fut assez heureuse pour les sauver à peu près tous ; mais pendant plus de trois mois que dura cette épidémie, elle se fatigua beaucoup, et d'autant plus que tout cela ne l'empêchait pas de remplir, comme à l'ordinaire, tous ses devoirs de piété, et de se rendre tous les matins à la paroisse pour y entendre la première messe que l'on disait à cinq heures ; et pour s'y rendre, elle avait à faire un quart de lieue. Après avoir ainsi rempli ses devoirs envers Dieu, elle revenait prendre quelque chose à la maison ; s'il se trouvait aux environs quelques malades en danger, elle commençait par les visiter ; puis elle se dirigeait vers la campagnc, malgré les mauvais temps et les mauvais chemins, et ne rentrait souvent que pour l'heure du dîner. Aussi-tôt après, elle se mettait à préparer les remèdes, s'il y avait lieu ; sinon elle restait à se délasser quelque temps avec nous ; puis elle se retirait pour donner ses soins aux enfants qu'elle instruisait (1). C'est ainsi qu'elle rendait tous ses jours pleins devant le Seigneur.

Outre toutes ces fatigues, il arrivait souvent qu'elle avait des malades à la

____

(1) Que la philosophie nous montre ses adeptes se privant de tous les plaisirs, s'abstenant même de prendre quelques moments de récréation avec leurs parents et leurs amis, pour passer une partie de leurs jours à apprendre à lire à de petits malheureux que la pauvreté exclut des écoles payantes, et nous commencerons à croire qu'ils sont véritablement mus par l'amour de l'humanité. Jusque-là nous sommes autorisés à penser que toutes leurs clameurs ne sont qu'un vrai charlatanisme, pour continuer à leur profit le monopole de l'instruction, et pour en corrompre les premiers principes.

maison. Ainsi, elle engagea mon père à recevoir chez lui une fille poitrinaire, et qui n'avait pas de ressources; elle lui prodigua pendant six mois les soins les plus assidus, passant souvent auprès d'elle une partie des nuits.

Un vieux fermier de mon père se trouvant dans la détresse par suite de ses infirmités, qui l'empêchaient de travailler assez pour se procurer les choses qui lui étaient nécessaires, fut reçu à la maison, à la sollicitation d'Amélie. Il ne tarda pas à y tomber malade, et pendant plusienrs mois que dura sa maladie, il fournit à ma sœur l'occasion d'exercer sa charité, par les soins qu'elle lui prodigua, toujours avec son zèle ordinaire.

Les enfants d'un ancien domestique se virent enlever leur père par une mort inattendue, et restèrent par-là aux soins d'une mère qui n'avait rien de ce qu'il fallait pour les élever. Amélie, qui en eut connaissance, en fit part à mon père, lui mettant sous les yeux les dangers auxquels ces pauvres enfans allaient être exposés, et les craintes que leur tante, domestique à la maison, avait de les voir se donner au mal, si personne ne prenait soin d'eux. Mon père consentit à recevoir chez lui les trois filles, dont la dernière n'était âgée que de cinq à six ans. Elle s'empressa de prendre les moyens de les faire venir jusque de la Basse-Bretagne, afin de prendre elle-même un soin particulier de ces enfants. Lorsque l'aînée connut un peu la langue française et sut travailler, Amélie lui procura une place convenable, et les deux autres restèrent à la maison. La plus jeune y mourut peu de temps après d'une fièvre putride qui causa beaucoup de fatigues à ma sœur, car, pendant quarante et quelques jours que dura la maladie, Amélie lui prodigua ses soins de jour et de nuit. Sa mort causa beaucoup de chagrin à ma pauvre sœur, qui la remplaça bientôt par un de ses frères qui n'était âgé que de sept à huit ans, mais que l'on se vit forcé de renvoyer au bout de quelques années.

Un Clerc tonsuré ayant été obligé de quitter le séminaire à cause de la faiblesse de sa santé, était revenu chez sa mère, incapable de le soigner, plus incapable encore de lui procurer ce qu'exigeait un régime convenable à l'état de faiblesse dans lequel il se trouvait. Amélie, qui était en quelque sorte à la recherche de toutes les œuvres de charité, eut bientôt connaissance de l'état de ce jeune homme. Sachant bien que mon père n'aspirait aussi qu'à faire des bonnes œuvres, elle le pria de recevoir à la maison ce malheureux, qui d'ailleurs était fort intéressant. Il y consentit, et le jeune homme fut reçu et soigné par Amélie. Le changement de nourriture et les bons soins semblèrent d'abord le ranimer ; il se trouva plus fort ; mais Dieu l'avait déjà trouvé mûr pour le ciel. Il fut atteint d'une fièvre opiniâtre au moment même où le mieux était sensible. Pendant quarante et quelques jours, Amélie le soigna avec un zèle infatigable, et parvint à détruire les accès et la violence de cette fièvre. Mais la poitrine, depuis long-temps faible et délabrée de ce malade, éprouva une telle irritation, qu'il nous sembla ne s'être retiré de cette première maladie que pour occasioner de nouvelles peines, de nouvelles fatigues à celle qui en prenait soin. Il mourut en effet de la poitrine, après quelques mois de langueur.

Peu après, il fut remplacé par un autre Clerc tonsuré d'une paroisse voisine : il avait été obligé de quitter le séminaire à cause d'un dépôt fistuleux placé au bas de la cuisse. Il demeurait à deux grandes lieues de Saint-Servan. Amélie y envoya le médecin de la maison, qui jugea qu'on pourrait peut-être le guérir s'il était bien soigné ; mais que cette guérison était impossible avec le régime qu'il était obligé de tenir chez son père. Aussi-tôt qu'elle eut cette réponse,

Amélie loue une chambre près de la maison, et y fait apporter l'infirme. Mais peu après elle eut encore recours à la charité de mon père, qui lui donna un appartement chez lui : de sorte qu'elle put facilement lui donner tous ses soins. Elle le fit en effet avec son zèle ordinaire ; mais elle ne fut pas plus heureuse que pour le précédent ; car, malgré tous ses soins et le régime dépuratif qu'elle lui faisait observer, on ne put détourner l'humeur, qui finit, au bout de quelques mois, par tomber sur la poitrine et emporta le malade. Mais ce ne fut qu'après avoir bien fatigué sa gardienne, et, par suite de tant de peines et de soins, l'avoir disposée à la maladie qui la conduisit au tombeau.

D'après cette grande charité que l'on vient de remarquer dans Amélie, l'on a pu juger quelle était son attention, quels étaient ses soins, lorsque quelqu'un des siens était malade. J'ai déjà dit quelque chose des soins qu'elle donna à ma mère.

Malgré le chagrin qui déchirait son cœur, en voyant que tout ce qu'elle faisait ne pouvait arracher à la mort celle qu'elle aimait si tendrement, elle ne négligeait rien soit pour adoucir ses souffrances, soit pour la distraire un peu. Tout l'amour filial, toute la charité chrétienne se montraient à découvert dans ses soins, dans son attention à saisir le moindre signe pour y découvrir ou le besoin, ou le désir de la malade. Il en était de même lorsque mon père éprouvait quelqu'indisposition.

Si nous étions malades les uns ou les autres, elle ne nous perdait pour ainsi dire pas de vue, et s'étudiait avec une attention scrupuleuse à nous administrer les remèdes convenables; restait toujours fort tard avec nous; et s'il paraissait quelque symptôme qui l'inquiétât, elle ne se reposait pas sur les gardiennes, elle veillait elle-même, ou se levait dans la nuit pour s'assurer si l'on n'omettait rien des ordonnances.

Sa complaisance était à toute épreuve. Elle n'avait encore que treize ans, lorsque je fus atteint d'une petite vérole très-maligne. Amélie ne me quittait guères, ne laissait à la gardienne d'autres soins que ceux qu'elle-même ne pouvait me rendre, cherchait tous les moyens de me soulager ou de me distraire de mon mal, et ne s'absentait que pour aller à ses maîtres ou me chercher quelques jouets pour m'amuser. Quoique encore très-enfant, j'étais reconnaissant de ce qu'elle faisait pour moi, et des soins qu'elle me donnait ; et ne me doutant pas du tout de l'état hideux dans lequel je me trouvais, je pensais ne pouvoir mieux lui témoigner mon amitié qu'en lui disant de m'embrasser. Il était impossible qu'elle n'éprouvât pas en cela une grande répugnance : eh bien ! malgré cette répugnance, elle le faisait avec une complaisance que bien certainement je n'aurais pas exigée, que j'aurais même blâmée, si j'eusse été dans le cas de juger de mon état. Pour tout dire en un mot, Amélie n'était plus une sœur quand elle se trouvait près du lit où quelqu'un de nous était malade : c'était une pieuse et tendre mère qui soignait un enfant unique. Elle éprouvait ses craintes, elle avait sa tendresse ; ses soins étaient aussi affectueux, aussi généreux, aussi constants.

Nous avons vu plus haut qu'Amélie s'était consacrée à Dieu par les trois vœux de religion. Elle trouvait dans la prière, dans le saint exercice de la méditation, et sur-tout dans la fréquente Communion, les grâces dont elle avait besoin pour accomplir ses vœux, quoique au milieu du monde. Mais comme elle sentait que, malgré ces saints exercices et les œuvres de charité dont ses jours étaient remplis, le contact du monde avait ses dangers, que souvent l'amour s'y refroidit, que la piété devient languissante, elle avait soin chaque année de se retirer dans la retraite pour ne s'occuper que de son salut. Là ordinairement elle repassait, dans l'amertume de son âme, les fautes de l'année, s'en confessait, si toutefois son confesseur le voulait (elle était toujours soumise), puis prenait par écrit ses résolutions d'être plus fidèle.

C'était sans doute dans le silence de la retraite qu'elle puisait les sentiments exprimés dans les stances suivantes, plus belles par les sentiments de piété et d'abnégation que par la poésie.

Jésus n'est satisfait
Que d'une entière offrande :
De nos cœurs Il demande
L'holocauste parfait.
Amour saint, éternel,
Que ton feu nous anime !
Consume la victime
Qui vole à ton autel.

Nous offrons en ce jour
Nos biens, nos espérances,
Toutes nos jouissances,
Seigneur, à ton amour.

Aimable pauvreté,
Sois tout notre partage,
Notre unique héritage,
Notre félicité.

Pour le divin époux
Méprisons tout le reste ;
Que cet amour céleste
Soit suffisant pour nous.
Donnons-lui notre cœur,
Aimons-le sans mesure ;
Que la moindre souillure
Nous pénètre d'horreur.

Bon plaisir du Seigneur,
Volonté tout aimable,
Que ta chaîne adorable
Captive notre cœur.
Tu peux seule ici-bas
Fixer notre inconstance :
O sainte obéissance,
Dirige tous nos pas.

Écoute nos soupirs,
O puissante Marie ;
Mère tendre et chérie,
Contente nos désirs.
Remplis-nous de ferveur,
Ranime notre zèle ;
Sois l'appui, le modèle
Des filles de ton cœur.

Etant au petit séminaire, j'avais envoyé à Amélie quelques stances sur l'amour de Dieu, dans lesquelles il se trouvait quelques répétitions ; elle en fit la critique, puis me les renvoya tellement corrigées, que l'on peut dire que c'est son ouvrage.

Voici la lettre qu'elle m'adressa en même temps :

« O cher ami, si je blâme sur le papier les répétitions qui appellent le saint amour, j'en connais tout le prix dans le cœur et la pensée. Plût à Dieu que nous ne pussions dire autre chose sans nous faire violence, comme quelques-uns de ceux qui nous précèdent dans le séjour de l'amour éternel ! Louis de Gonzague ne pouvait en détourner son esprit sans altérer sa santé, et ce saint amour chassait le sommeil loin de François, lui faisait trouver les nuits trop courtes pour répéter sans cesse avec une nouvelle suavité : *Mon Dieu, mon tout.* Oh! quand nos cœurs sentiront-ils quelque chose de ces divins transports ? Il faudrait pour cela des cœurs morts et détachés de tout. Travaillons avec courage ; nous ne pouvons jamais en faire assez pour mériter un bien si précieux. »

Je pourrais citer une grande quantité de ses lettres, dans lesquelles on remarquerait les mêmes sentiments, la même piété.

A la dernière retraite qu'elle fit, celle où commença la maladie qui la conduisit au tombeau, elle désira faire une revue générale. Elle m'en parla plusieurs fois dans les conversations que nous avions ensemble. Craignant de la faire tomber dans l'état de scrupules qui l'avait tant fait souffrir, je tâchai d'abord de la détourner de ce projet ; mais voyant le grand désir qu'elle en avait, et qui semblait prendre plus de force à mesure que nous approchions de la retraite, je craignis de m'opposer à la volonté de Dieu, et lui promis de lui faire faire cette revue. Elle s'y prépara avec le plus grand soin ; aussi fit-elle

cette

cette retraite avec les sentiments d'une rare piété. Pour en juger, écoutons les résolutions qu'elle y prit, et qu'elle me soumit avant de faire sa retraite :

« Je me propose, avec la grâce de Dieu, de me renouveler sans cesse dans la ferveur et dans l'esprit intérieur. En tout point, je vais m'appliquer à voir et à goûter le bon plaisir de mon Souverain Maître, à l'accomplir aussi parfaitement qu'il me sera possible. C'est ce motif qui a le plus de force à mes yeux et qui m'anime davantage.

» Je me rappellerai cette volonté tout aimable ; je me la rappellerai dans les choses qui me contrarient, lorsqu'il faudra rendre un service pénible, ou faire un acte de complaisance qui me coûterait. Dans la peine, la vue du bon plaisir de Dieu me rendra soumise et tranquille. »

Une prière composée par elle, et écrite de sa main, nous rendra mieux les sentiments qui l'animaient.

« Que désiré-je dans le ciel et que veux-je sur la terre ? N'est-ce pas vous, ô le Dieu de mon cœur et mon unique partage ? N'est-ce donc pas votre volonté sainte qui doit faire mon bonheur, ma paix, mes délices, puisqu'elle seule m'assure la possession de vous-même, ô mon unique bien, pour le temps et pour l'éternité ? Volonté aimable de mon Père céleste, recevez l'abandon de tout moi-même que je vous fais avec tant de plaisir. Je veux vous suivre, vous aimer, vous bénir en tout, et de quelque manière que vous disposiez de moi et de ce qui m'est le plus cher dans le monde. Bon maître, disposez en souverain de mes désirs, de mes jouissances, de ma vie, de mon éternité.

» O mon Dieu, domptez ma volonté souvent rebelle ; brisez-la, je vous en supplie ; que je n'en aie plus d'autre que la vôtre en tout ; que je vive et que je meure dans les sentiments que vous m'inspirez, ô mon Dieu, mon cher et unique amour. Je vous en conjure par l'intercession de ma bonne Mère, de mon saint Ange, par les mérites de mon Sauveur Jésus-Christ.

» O Jésus! modèle accompli, modèle ineffable d'humilité, regardez, je vous en conjure, ce néant tant de fois révolté contre vous; voyez sa faiblesse, ses misères, son impuissance, son aveuglement. Comment souffrez-vous, ô Dieu de vérité, qu'il s'élève encore? Il est donc vrai que le péché ne m'a laissé que ce malheureux pouvoir, et qu'il me ferme les yeux sur la corruption et sur la malice de mon cœur!

Ah! Jésus, faites que je voie : vous avez guéri l'aveugle de l'Evangile avec de la boue; plutôt, ô mon Dieu, aidée de votre grâce, plutôt endurer l'humiliation et le mépris, que de vivre l'esclave d'un orgueil insensé. Ne m'abandonnez pas à ce vice, comme vous faites dans votre colère; je réclame votre miséricorde et votre secours contre son joug infâme. Je proteste vouloir être fidèle à la résolution que vous m'avez inspirée ; je m'anéantis devant vous, abjecte à mes propres yeux, humble et soumise à mes supérieurs, douce et complaisante au prochain. O le Dieu de mon cœur, mettez-y vous-même cette vertu si chère au vôtre. Je crierai vers vous jusqu'à ce que vous m'ayez exaucée. O Jésus, par vos humiliations, par votre croix, par votre mort, par l'intercession de votre très-sainte Mère, exaucez-moi ! »

Depuis qu'Amélie s'était donnée à Dieu, elle avait regardé l'humilité comme la vertu favorite de son Sauveur, n'avait cessé de combattre l'orgueil. A l'école du Divin Maître, elle avait appris à être douce et humble de cœur ; et il lui avait fallu pour cela se livrer bien des combats, car, comme nous l'avons déjà remarqué, elle était naturellement très-vive ; mais les victoires qu'elle avait remportées sur elle lui avaient fait prendre l'habitude d'une grande douceur qui se démentait rarement, encore n'était-ce que le premier mouvement, et elle avait soin de le réprimer assez promptement pour que l'on ne s'en fût pas aperçu, à moins qu'on ne la connût assez pour remarquer les violences qu'elle était obligée de se faire à elle-même.

Dans les discussions qu'elle pouvait avoir, malgré que la pénétration de son esprit, son jugement sûr et droit lui donnassent une grande supériorité, cependant elle cédait, plutôt que de s'exposer à mécontenter les autres, à moins toutefois que la religion ne fût attaquée, ou que les soins de ses pauvres ne dussent en souffrir ; car pour lors elle prenait tous les moyens de faire triompher la cause qu'elle défendait.

Elle aimait naturellement à donner aux autres des ridicules, et son esprit caustique savait manier la plaisanterie avec autant de sel que de vivacité. Mais elle s'aperçut bientôt que ces railleries piquantes étaient contraires à la véritable humilité, qu'elles blessaient la charité, vertu favorite du divin Jésus, et elle travailla avec courage à s'en corriger. Elle était sur ses gardes, et si, malgré sa vigilance, il lui échappait quelque saillie qui eût pu blesser quelqu'un, elle cherchait aussi-tôt à réparer sa faute.

Ce fut pendant la retraite dont nous venons de parler il n'y a qu'un instant, que commença, par un asssz violent mal de gorge, la maladie qui devait terminer les jours d'Amélie. Je voulais la faire se ménager ; mais la retraite n'était pas un temps bien propre à prendre ces ménagements, auxquels elle n'était pas accoutumée. D'ailleurs, comme habituellement elle était souffrante, obligée de suivre un régime très-sévère, l'habitude de la voir souffrir (1) m'empêcha

____

(1) Malgré toutes les courses, toutes les fatigues que la charité d'Amélie lui faisait entreprendre si courageusement, elle avait une santé très-faible. Depuis plusieurs années, elle éprouvait souvent de violens maux de tête. L'estomac presqu'ha-

de m'alarmer de [ce que je ne regardais que comme une indisposition passagère. Il eût été d'ailleurs difficile de modérer sa ferveur et d'arrêter l'élan qui la portait vers son Dieu. Occupée tout entière de repasser les années de sa vie dans l'amertume de son cœur, de témoigner à son bien-aimé son amour et sa reconnaissance, d'examiner les moyens qu'elle devait prendre pour avancer de plus en plus dans la perfection, elle ne fit pas elle-même une grande attention à ce qu'elle souffrait.

Après la retraite, elle se livra avec un nouveau zèle à tous ses actes de charité, prolongeait ses prières et ses visites au Saint Sacrement, reprit ses courses de

---

bituellement la faisait souffrir, et quelquefois des douleurs très-vives. Quoiqu'elle mangeât assez peu, cependant les digestions étaient toujours lentes et laborieuses, ce qui la forçait à un régime très-austère ; et l'on a peine à comprendre qu'avec une santé si mauvaise, elle ait pu soutenir tant de fatigues.

la campagne et l'école qu'elle faisait depuis quelque temps aux petits garçons. Cependant le mal augmentait, et la saison devenant tout-à-fait mauvaise, j'interdis ses courses de la campagne et la première messe. Amélie ressentit une peine très-vive de ces défenses ; mais elle se soumit et adora la volonté de Dieu.

Elle s'occupait souvent de ses bonnes gens de la campagne ; elle se faisait rendre compte de leur état. Moi-même je les visitais autant que me le permettaient mes autres occupations, afin de pouvoir la tranquilliser sur leur compte. Lorsqu'ils étaient malades, j'y envoyais le médecin, et pour qu'elle ne prît pas trop de chagrin de ne pouvoir plus leur être aussi utile que par le passé, je lui laissais le soin de leur préparer les remèdes qu'il prescrivait. Il semble que cela lui aidait à supporter la peine de ne pouvoir les soigner elle-même, et les encourager à porter leur croix avec soumission à la sainte volonté de Dieu. Du reste, elle tâchait de réprimer la peine qu'elle éprouvait, en répétant souvent : « C'est la volonté de Dieu, car je ne veux » que sa sainte volonté. Demande - t - il ». le sacrifice de ma vie, je le lui fais de ». tout mon cœur. » Elle profitait du temps qu'elle aurait passé à visiter les malheureux, pour s'appliquer davantage à la prière et pour prolonger ses visites au Saint-Sacrement, tant qu'elle put encore aller à l'église. Mais le mal faisant des progrès, et la faiblesse augmentant chaque jour, elle fut bientôt privée de sa grande consolation, qui était d'aller aux pieds des autels épancher son cœur devant son divin époux, et lui deman- der non la santé, mais la grâce d'une sainte mort. Cependant elle fit encore la Communion pascale à la paroisse, où l'on fut obligé de la conduire en voi- ture ; et ce fut la dernière fois qu'elle put communier à l'église. Sentant que toute sa force était dans son Sauveur, elle s'excitait souvent au désir de s'unir à lui par la sainte Communion, et je tâchais de satisfaire ses saints désirs en lui apportant de temps en temps le Saint Viatique.

La dernière fois que je le lui portai, en lui adressant quelques mots avant de la communier, je ne pus m'empêcher, quelque effort que je fisse, de laisser échapper quelques larmes. Elle s'en aperçut, et lorsque je fus la revoir dans le courant du jour; elle me dit : « Je te » fais bien de la peine, je désirerais de » tout mon cœur te l'éviter ; mais je suis » habituée à toi : comment veux-tu que, » sur le point de mourir, je change de » confesseur ? Si M. Vielle (c'était son » ancien confesseur) pouvait venir dans » le pays, il t'épargnerait ces souffran- » ces. Du reste, mon ami, nous ne » nous séparons pas pour long-temps. » Mon cœur était brisé ; mais Dieu m'ac- corda assez de force pour me vaincre, et je pus l'engager à ne pas penser à moi, mais de se jetter avec confiance dans le sein de la miséricorde de Dieu, et attendre de lui tout son secours.

J'avais saisi ce que ma pauvre sœur m'avait dit du désir qu'elle aurait de voir M. Vielle; et sachant qu'il était en route pour Saint-Servan, mais qu'il s'était arrêté à une maison de campagne à quelques lieues, je partis de suite pour l'aller chercher; je lui dis l'état d'Amélie et la position où je me trouvais. Il eut la complaisance de partir avec moi, et dès le lendemain il vint voir ma sœur. Il l'entretint du bon Dieu, et la disposa à recevoir les derniers Sacrements.

Elle les reçut avec une tendre piété et une grande présence d'esprit; et lorsque le prêtre, en lui administrant l'Extrême-Onction, eut commencé l'oraison *Respice, quæsumus, Domine, famulam tuam*, craignant qu'il n'eût oublié que Marie était son premier nom, elle dit elle-même à voix haute : *Mariam*.

Après qu'elle eut reçu les derniers

Sacrements, elle voulut s'entretenir encore dans un plus grand recueillement, s'occuper à remercier Dieu des grâces qu'il lui avait faites, et porter vers le ciel les désirs et les affections de son cœur. J'allai encore la visiter ; elle me remercia de lui avoir procuré le moyen de revoir M. Vielle et de recevoir de sa main les derniers Sacrements. Je lui dis pour la dernière fois quelques mots d'édification, lui suggérai quelques pieuses affections, et l'air de contentement avec lequel elle m'écoutait faisait assez voir qu'elles étaient profondément gravées dans son cœur, et qu'elle soupirait après le moment qui la réunirait à celui qu'elle aimait si tendrement.

Le 12 Août, vers le soir, sa faiblesse devint extrême ; elle ne pouvait plus rien prendre. Le digne prêtre qui l'avait administrée, pressentant qu'elle ne pouvait aller loin, résolut de passer la nuit près d'elle pour l'exhorter, la porter à la confiance et ranimer son amour. Elle

conservait

conservait toute sa présence d'esprit, et goûtait une paix profonde, un calme parfait, dont elle fit part au prêtre qui était près d'elle : « Vous m'aviez bien » dit, mon Père, dans le temps de mes » troubles, que je serais tranquille à la » mort. Mais priez, mon Père, priez » pour moi. » On récita la prière pour les agonisants, et quelques instants après elle expira, le 13 Août 1823, ayant conservé jusqu'au dernier instant une connaissance parfaite ; seulement dans le soir qui précéda sa mort elle eut un peu de délire pendant environ une demi-heure.

Ici je laisse parler le vénérable abbé Carron :

« Elle laissait des proches, des amis qui, dans l'accablement de leur douleur, n'essayèrent de se consoler qu'en s'élevant vers le séjour du bonheur ineffable où la fille, la sœur qu'ils aimaient plus tendrement aimée allait pour jamais se réunir aux anges et aux élus. Elle fut inhumée dans le cimetière de Saint-Servan, et un concours nombreux de parents et d'amis suivit le cercueil, avec les signes d'un profond attendrissement. Une foule d'indigens désolés d'avoir perdu leur mère adoptive, bordait les deux côtés du chemin par où passait le convoi. Ils ne pénétrèrent pas pour la plupart dans le saint temple, et le dimanche suivant, au prône de la messe paroissiale, le Pasteur leur fit publiquement une sorte de reproche de ne pas avoir entouré le corps de leur bonne mère, lorsque placé dans la tombe il disparut à leurs regards pour jamais.

» Marie-Amélie ne vécut ici-bas que pour se préparer des délices éternelles. Citez, de son enfance, de son adolescence ou de sa jeunesse, un seul jour qui ne se soit pas écoulé au profit de la vertu? Il est donc heureux de porter le joug du Seigneur dès l'aurore de sa vie. Mais qu'il est heureux aussi d'avoir des parents chrétiens qui s'efforcent de former à la vertu, dès la plus tendre jeunesse, le cœur de leurs enfants : qui les regardent comme un dépôt sacré dont Dieu leur demandera un compte rigoureux. « Ce fut après Dieu, aux soins, à la vigilance de ses vertueux parents qu'Amélie dut sa piété, sa tendre charité, sa foi vive, et enfin cette paix délicieuse avec laquelle elle s'endormit de cette mort qui est précieuse devant Dieu : *Pretiosa in conspectu Domini mors sanctorum ejus.* »

Quelques jours avant sa mort elle distribua à ses amies les objets de piété qu'elle pouvait avoir, et elle laissa un testament par lequel elle priait mon père de donner à l'enfant de sa sœur ce qu'elle même aurait donné si elle avait pu être marraine, et d'abandonner ses vêtements aux domestiques. Elle me léguait le soin des pauvres, en me rappelant que ce sont eux qui nous ouvrent le ciel. Ainsi elle pratiqua l'obéissance et la pauvreté jusque dans un acte de dernière volonté.

FIN.